En mi comunidad

CUANDO VOY A LA

playa

UN LIBRO DE EL SEMILLERO DE CRABTREE

De Miranda Kelly
Y
Pablo de la Vega

CRABTREE
PUBLISHING COMPANY
WWW.CRABTREEBOOKS.COM

Cuando voy a la **playa**, meto los dedos del pie en la arena.

Construyo castillos de arena.

Escucho las olas.

Me zambullo en el mar.

Recolecto conchas.

Busco **cangrejos**.

Nado en mi **bodyboard**.

Veo a mis amigos.

Veo el atardecer.

Me divierte ir
a la playa.

Glosario

bodyboard: Es una palabra inglesa que nombra una especie de tabla corta y de hule espuma en la que la gente se puede recostar para nadar en las olas.

cangrejos: Los cangrejos son animales con ocho patas, dos pinzas y una concha dura. Hay muchos tipos de cangrejos.

construyo: Cuando construyes algo, juntas diferentes partes.

escucho: Cuando escuchas, pones atención para que puedas oír bien algo.

playa: Una playa es un área de arena o piedritas a la orilla de un lago o del mar.

recolecto: Cuando recolectas cosas, las reúnes en un mismo grupo.

Índice analítico

Apoyos de la escuela a los hogares para cuidadores y maestros

Los libros de El Semillero de Crabtree ayudan a los niños a crecer al permitirles practicar la lectura. Las siguientes son algunas preguntas de guía que ayudan a los lectores a construir sus habilidades de comprensión. Algunas posibles respuestas están incluidas.

Antes de leer
- ¿De qué piensas que tratará este libro? Pienso que este libro trata de la diversión en la playa.
- ¿Qué quiero aprender sobre este tema? Quiero aprender acerca de los distintos animales que la gente puede ver en la playa.

Durante la lectura
- Me pregunto por qué... Me pregunto por qué el niño escucha las olas. ¿Cómo suenan?

- ¿Qué he aprendido hasta ahora? Aprendí que la gente puede encontrar cangrejo en la playa.

Después de leer
- ¿Qué detalles aprendí de este tema? Aprendí que ir a la playa es divertido. Los niños pueden construir castillos de arena, recoger conchas y jugar en el agua.

- Lee el libro de nuevo y busca las palabras del vocabulario. Veo la palabra **_construyo_** en la página 4 y la palabra **_recolecto_** en la página 10. Las demás palabras del vocabulario están en las páginas 22 y 23.

Library and Archives Canada Cataloging-in-Publication Data

Title: Cuando voy a la playa / de Miranda Kelly y Pablo de la Vega.
Other titles: When I go to the beach. Spanish
Names: Kelly, Miranda, 1990- author. | Vega, Pablo de la, translator.
Description: Series statement: En mi comunidad | Translation of: When I go to the beach. | Translated by Pablo de la Vega. | "Un libro de el semillero de Crabtree". | Includes index. | Text in Spanish.
Identifiers: Canadiana (print) 20210100907 | Canadiana (ebook) 20210100915 | ISBN 9781427131379 (hardcover) | ISBN 9781427131478 (softcover) | ISBN 9781427131546 (HTML) | ISBN 9781427135124 (read-along ebook)
Subjects: LCSH: Beaches—Juvenile literature.
Classification: LCC GB453 .K4518 2021 | DDC j551.45/7—dc23

Library of Congress Cataloging-in-Publication Data

Available at the Library of Congress

Crabtree Publishing Company
www.crabtreebooks.com   1-800-387-7650
Print book version produced jointly with Crabtree Publishing Company NY, USA

Written by Miranda Kelly
Production coordinator and Prepress technician: Ken Wright
Print coordinator: Katherine Berti
Translation to Spanish: Pablo de la Vega
Edition in Spanish: Base Tres

Printed in the U.S.A./022021/CG20201215

Photo credits: Cover: Beach type © dgbomb, cover photo © NadyaEugene; cover and page background © art_of_sun; page 3 © Natee K Jindakum; page 5 © Darren Green; page 7 © Christin Lola; page 9 © Pavel_Bogdanov; page 11 © mirtmirt; page 13 © kavida; page 15 © NadyaEugene; page 17 © Tropical studio; page 18 beach © Galyna Andrushko, page 18 bodyboard © Evgeniy pavlovski; page 18 sand castle © Alex Tor; page 19 crab © jiraphoto All images from Shutterstock.com; page 21 © istock.com/ Rawpixel; page 23 ©istock.com/Mimadeo.

Published in Canada	Published in the United States	Published in the United Kingdom	Published in Australia
Crabtree Publishing	Crabtree Publishing	Crabtree Publishing	Crabtree Publishing
616 Welland Ave.	347 Fifth Ave	Maritime House	Unit 3 – 5
St. Catharines, ON	Suite 1402-145	Basin Road North, Hove	Currumbin Court
L2M 5V6	New York, NY 10016	BN41 1WR	Capalaba QLD 4157